vive le français!
HORIZONS

G. Robert McConnell
Coordinator of Modern Languages
Scarborough Board of Education
Scarborough, Ontario

3

Rosemarie Giroux Collins
Wellington County
Board of Education
Guelph, Ontario

cahier d'activités

Addison-Wesley Publishers
Don Mills, Ontario • Reading, Massachusetts
Menlo Park, California • Wokingham, Berkshire • Amsterdam
Sydney • Singapore • Tokyo • Mexico City • Bogota
Santiago • San Juan

Design and Illustration
Pronk & Associates
Illustrators
Graham Bardell, Thach Bui, Ian Carr, Chuck
Gammage, Peter Grau, Robert Johannsen,
Paul McCusker, Bill Payne
Cover Illustration
Mark Summers
Songs
Words and music
Andrew Donaldson
Performed by
Carmel Brodeur, Julie Brodeur,
Andrew Donaldson, Lyse Le Gal,
Benjamin Roboly, William Roboly
Project Editors
Joyce A. Funamoto
Jane McNulty

Printed in Canada

ISBN 0-201-17964-4

G H I J K WC 95 94 93 92 91

table des matières

unité 1

j'écoute!

A quel talent! ●●

	1	2	3	4	5	6	7	8	9	10
vrai	☐	☑	☑	☐	☐	☑	☑	☐	☐	☐
faux	☑	☐	☐	☑	☑	☐	☐	☑	☑	☑

B qui gagne? ●●

1. Marcel: _900_ points
5. Raymond: _730_ points
8. Richard: _3000_ points

2. Janine: _1000_ points
6. Léon: _865_ points
9. René: _1010_ points

3. Céline: _3050_ points
7. Aline: _1080_ points
10. Carole: _2040_ points

4. Angèle: _2025_ points

Qui gagne? _Céline_ gagne.

C *adjectif* ou *adverbe*? ●●

	1	2	3	4	5	6	7	8	9	10
adjectif	☑	☐	☐	☐	☑	☑	☐	☑	☐	☑
adverbe	☐	☑	☑	☑	☐	☐	☑	☐	☑	☐

D choisis bien! ●●

9

10

1

6

7

4

8

2

3

5

Nom: _____

E   écoute bien! ●●

	oui	non
1. Maintenant, c'est ton tour.	☐	☑
2. C'est très difficile pour toi.	☐	☑
3. Tu y vas aussi?	☑	☐
4. La réponse, c'est cent seize.	☐	☑
5. Ce n'est pas un très bon coiffeur.	☐	☑
6. Quel talent naturel!	☑	☐
7. Qu'est-ce que tu fais?	☑	☐
8. C'est moi contre le professeur!	☐	☑
9. D'abord, tu tapes «9».	☑	☐
10. Ils vont à la party de Janine?	☐	☑

F   quel jeu! ●●

CÉLINE – ___Premièrement___, je ___presses___ sur

<RETURN>. ...Voilà!

L'ORDINATEUR – ___Bienvenue___? à *MICRO-MANIA*!

CÉLINE – Chouette!

L'ORDINATEUR – Le jeu commence ___maintenant___. Il y a ___cent___

questions.

CÉLINE – Voilà la première question! ... ___Alors___, je ___tape___ la

réponse, ___puis___ <RETURN> et...

L'ORDINATEUR – La réponse est ___correcte___.

CÉLINE – Sensass! Je ___marque___ vingt-cinq points! ...Youppi! Mon

score, c'est deux ___mille___ cinq ___cents___ points!

L'ORDINATEUR – Bravo! C'est un score ___parfait___.

CÉLINE – Mais ___certainement___! J'ai un talent

___naturel___!

bon voyage!

A voitures d'occasion

Lis les petites annonces suivantes, choisis une voiture, puis fais une description de la voiture!

TOYOTA TERCEL 1981, modèle à hayon, bleue, 4 cylindres, 5 vitesses, 18 000 km, radio AM/FM, excellente condition, $5500.00, tél. 439-7509.

▶ **Je choisis la Toyota Tercel, mil neuf cent quatre-vingt-un.**
C'est un modèle à hayon.
Elle est bleue.
Elle a quatre cylindres et cinq vitesses.
Elle a dix-huit mille kilomètres.
Elle a une radio AM/FM.
Elle est en excellente condition.
Elle coûte cinq mille cinq cents dollars.

CADILLAC 1979, limousine, beige, 8 cylindres, transmission automatique, air conditionnée, 95 000 km, bonne condition, $6000.00, tél. 438-7524.

FORD RELIANT 1984, berline, rouge et grise, 4 cylindres, transmission automatique, radio, seulement 9000 km, économique, très bonne condition, $7000.00, tél. 432-6990.

PONTIAC 1981, familiale, verte, 8 cylindres, transmission automatique, intérieur blanc, radio AM/FM, cassette, air conditionnée, 62 000 km, très confortable, $7600.00, tél. 637-4917.

ROLLS-ROYCE 1965, berline, noire, intérieur de luxe, téléphone, téléviseur, 85 000 km, parfaite condition, $10 000.00, tél. 481-6694.

CORVETTE 1980, voiture de sport, décapotable, blanche, 5 vitesses, radio AM/FM, cassette, excellente condition, 30 000 km, $13 000.00, tél. 937-0752.

VOLKSWAGEN RABBIT 1983, modèle à hayon, toit ouvrant, jaune, 6 cylindres, quatre vitesses, radio, 95 000 km, très pratique, bonne condition, $4500.00, tél. 683-9772.

un modèle à hayon

une limousine

une berline

une familiale

un toit ouvrant

le hayon

B vive la ressemblance!

anglais	français
talent ————————→	un talent
parent ————————→	un parent

Quels mots français correspondent aux mots anglais suivants?

1. accent   *un accent* _____
2. agent _____
3. torrent _____
4. compliment _____
5. fragment _____
6. moment _____
7. document _____
8. monument _____
9. client _____
10. serpent _____

C mots cachés: les adverbes

```
F  A  C  I  L  E  M  E  N  T  C  N
P  H  O  N  U  E  T  R  T  R  E  S
U  A  S  T  I  E  T  O  U  I  I  O
O  A  S  R  S  F  T  C  B  U  I  U
C  E  U  S  O  N  N  P  S  N  V
U  T  T  A  E  L  L  E  S  O  E  E
A  L  O  I  N  Z  A  U  N  T  R  N
E  N  B  A  V  R  A  I  M  E  N  T
B  T  N  A  N  E  T  N  I  A  M  T
U  T  O  U  J  O  U  R  S  R  E  L
```

beaucoup ✓_____   alors _____

très _____   encore _____

bien _____   enfin _____

bientôt _____   loin _____

vite _____   vraiment _____

aussi _____   puis _____

facilement _____   toujours _____

souvent _____   trop _____

assez _____   maintenant _____

Le message secret:

_____! ____ ____ ____ _____

____ ____ ____ ____ _____!

Nom: _____

D les calculs

1. Il y a combien d'heures dans une semaine?
   ▶ **Il y a cent soixante-huit heures dans une semaine.**

2. Il y a combien de minutes dans cinq heures?

3. Il y a combien de secondes dans une heure?

4. Il y a combien d'heures en avril?

5. Il y a combien de mois dans cinquante ans?

E en français, s'il te plaît!

You are teaching your friend to play a computer game.
How would you say:

1. *"It's a very easy game."?*

2. *"It's you against the computer."?*

3. *"You press <RETURN> and the game begins."?*

4. *"Now you enter the correct answer to the question."?*

5. *"For each correct answer, you score 25 points."?*

6. *"A perfect score is 2500 points."?*

Max le Cerveau

unité 2

j'écoute!

A   vive le rock! ••

	1	2	3	4	5	6	7	8	9	10
vrai		✓				✓			✓	
faux	✓		✓	✓	✓		✓	✓		✓

B   qu'est-ce que c'est? ••

Nom: _____

C qu'est-ce qu'il y a? ●●

	assez de	peu de	beaucoup de
1. fromage			✓
pepperoni	✓		
champignons		✓	
2. oignons		✓	
tomates			✓
laitue	✓		
3. gâteau	✓		
bananes			✓
biscuits		✓	
4. mayonnaise		✓	
moutarde	✓		
ketchup			✓
5. lait		✓	
coca	✓		
jus			✓

D oui ou non? ●●

1. oui (non)
2. oui (non)
3. (oui) non
4. oui (non)
5. oui (non)
6. oui (non)
7. (oui) non
8. (oui) non

E ah, les verbes! ●●

1. prends, prennent
2. chantez, chante
3. prenons, prennent
4. organise, organisez
5. prenons, prenez
6. pressez, presses
7. prenez, prends
8. chantent, chantez
9. prends, prennent
10. organisons, organisent

14

Copyright © 1985 Addison-Wesley Publishers Limited

Ah, les copains!

Tu prends sou-vent un ta - xi, je prends le mé - tro.

Il prend sa bi-cy - clette, elle prend son grand ca - not.

Vous pre-nez un au-to - bus, nous y al - lons!

On n'est pas con-tent, il... prend... son... temps. Mais nous y ar-ri - vons!

Refrain

Je suis de Bel-gi-que, elle est du Japon. Il est d'A-mé - rique, elle est de Sai-gon.

Elle est de Bre-ta-gne, ils sont nos voisins. Elle est d'Allemagne, nous sommes tous copains...

2. Tu prends le saxophone et je prends le violon.
   Il prend la clarinette, elle prend l'accordéon.
   Rock, baroque ou romantique — quel joli son!
   Il est au piano — ah, que c'est beau!
   Chantons de belles chansons!
   REFRAIN

3. Tu aimes les matchs de football, moi, j'aime le soccer.
   Il aime les belles voitures, elle aime les beaux concerts.
   J'organise des partys à la maison!
   Tu aimes la télé, j'aime le ballet!
   Mais nous nous amusons!

unité 3

j'écoute!

A   quel homme! ●●

	1	2	3	4	5	6	7	8	9	10
vrai	✓	✓			✓				✓	
faux			✓	✓		✓	✓	✓		✓

B   les questions ●●

	1	2	3	4	5	6	7	8	9	10
	?		?	?		?		?		?

C   choisis bien! ●●

	1	2	3	4	5	6	7	8	9	10
intonation										
inversion										
est-ce que	✓									

D   fais les descriptions! ●●

1. (froid)/chaud

2. glace/(chance)

3. (soif)/faim

4. (chaud)/froid

5. soif/(faim)

6. (peur)/froid

7. (tort)/raison

8. mètres/(ans)

Nom: _____

E   un vrai film d'action! ●●

Nom: _____

F quelle vedette! ●●

Pierre Laroche est un ___acteur___ formidable! Cet ___homme___ a beaucoup de talent! Son ___nouveau___ film, *Un Homme contre King Kong*, est un ___vrai___ film d' ___action___. Dans ce film, le ___cascadeur___, c'est Pierre. Dans une ___scène___, Pierre tombe cent ___mètres___ d'un avion. C'est très ___dangereux___, mais est-ce que Pierre à ___peur___? Pas du tout! Et ___gagne-t-il___ contre le ___gorille___? Naturellement!

Pierre ___joue___ bientôt dans un autre film. Mais avant, il a ___besoin___ de deux semaines de ___vacances___. C'est naturel, n'est-ce pas?

je prononce bien!

A les voyelles nasales ●●

donner/montrer

disponible/maison

comme/comble

tomate/tomber

1. donner/montrer
2. disponible/maison
3. comme/comble
4. tomate/tomber

B écoute bien! ●●

	1	2	3	4	5	6	7	8	9	10
bonne	✓	✓			✓	✓				✓
bon			✓	✓			✓	✓	✓	

C la liaison ●●

1. Vont-ils chez Martine?
2. Prend-elle le métro?
3. Chantent-ils bien?
4. Choisit-il un cadeau?
5. Finissent-elles bientôt?
6. Vend-elle sa moto?
7. Prennent-ils le train?
8. Est-elle en retard?
9. Ont-ils froid?
10. Fait-il du ski?

B les questions bêtes!

Corrige chaque question!

1. Y-a-t-il des vêtements dans le frigo?

   _____?

2. As-tu besoin de moutarde pour ta glace?

   _____?

3. De combien de litres tombe-t-il?

   _____?

4. Allez-vous souvent à la boîte de tomates?

   _____?

5. Achète-t-elle des fans à la librairie?

   _____?

6. Finissent-ils tous les cascadeurs dans cette leçon?

   _____?

7. Prend-elle le gorille au centre d'achats?

   _____?

8. Avez-vous toujours froid en été?

   _____?

9. A-t-il peur des guitares?

   _____?

10. Fais-tu souvent du camping avec King Kong?

   _____?

C le shopping

Où vas-tu? Pourquoi?

1. Je vais à la boulangerie parce que *j'ai besoin de pain.*

2. Je vais à la banque parce que _____

3. Je vais à l'épicerie parce que _____

4. Je vais au grand magasin parce que _____

5. Je vais au magasin de sports parce que _____

6. Je vais à la librairie parce que _____

Nom: _____

D ciné-soir

Quels films jouent dans ta ville?

Fais un rapport sur un des films!

Suis le modèle!

**Un film d'action
avec Pierre Laroche.
Cinéma Odéon, rue Dupont.
5 h 00, 7 h 00, 9 h 00.**

E vive la différence!

anglais	français
act<u>or</u> ————————————➤	<u>un</u> act<u>eur</u>
doct<u>or</u> ————————————➤	<u>un</u> doct<u>eur</u>

Quels mots français correspondent
aux mots anglais suivants?

1. motor

   _____un moteur_____

2. tractor

   _____

3. narrator

   _____

4. factor

   _____

5. sculptor

   _____

6. navigator

   _____

7. visitor

   _____

8. inspector

   _____

9. ambassador

   _____

10. instructor

   _____

F en français, s'il te plaît!

*You are interviewing a French actress for the school newspaper.
How would you...*

1. *say hello?*

2. *ask how she is?*

3. *ask what the name of her new film is?*

4. *ask if it's an action film?*

5. *ask if it's dangerous?*

6. *ask if she's afraid?*

7. *ask if she's playing in another film soon?*

8. *say thank you and good-bye?*

Nom: _____

D les conversations ••

E	Paul	H	Marie-Claire
C	Danielle	D	Pierrette
B	Roger	A	Claudette
G	Jean-Marc	F	René

A   B   C   D

E   F   G   H

E une interview avec Yvon ••

C 1. Yvon parle avec…
   A un professeur **B** un acteur **C** un annonceur

A 2. C'est…
   A une interview sur les passe-temps **B** un match de football **C** une classe de français

B 3. Yvon est toujours très…
   A fatigué **B** occupé **C** fâché

A 4. Il adore faire…
   A de l'équitation **B** de la natation **C** des achats

B 5. Il aime aussi faire…
   A de la photo **B** de la gymnastique **C** la vaisselle

A 6. Tous les samedis, il prend des leçons de…
   A karaté **B** guitare **C** rugby

C 7. Yvon préfère les sports…
   A délicieux **B** nerveux **C** dangereux

C 8. Plus tard, Yvon espère être…
   A cascadeur **B** pianiste **C** professeur

Nom: _____

F quelle invitation? 🔊🔊

CATHERINE – Allô!

JEAN-PIERRE – Salut, Catherine! C'est Jean-Pierre! Ça va?

CATHERINE – Pas _mal_, merci.

JEAN-PIERRE – Tu n'es pas occupée, j' _espère_.

CATHERINE – Non, non!

JEAN-PIERRE – Bon! Écoute, Catherine. Il y a une _danse_ à l'école vendredi soir, et...

CATHERINE – Moi, je n'aime pas _danser_!

JEAN-PIERRE – C'est dommage. Catherine...

CATHERINE – Et je déteste _écouter_ de la musique dans un gymnase!

JEAN-PIERRE – Oui... euh... Catherine...

CATHERINE – Moi, je _préfère_ faire _du_ sport!

JEAN-PIERRE – Bon... euh...

CATHERINE – Toi, tu fais _partie_ d'une _équipe_ de hockey, n'est-ce pas?

JEAN-PIERRE – C'est ça, mais...

CATHERINE – Moi, j'adore _aller_ aux matchs de hockey!

JEAN-PIERRE – Ah oui? Catherine...

CATHERINE – ...Et j'ai deux _billets_ pour le match vendredi soir —

JEAN-PIERRE – Vendredi soir! Voilà _exactement_ pourquoi je _téléphone_! Moi, vendredi soir, je _vais_ à la danse... avec ta soeur. Elle _est_ là?

bon voyage!

A chacun son goût!

Qu'est-ce que tu préfères faire? Encercle A, B, C ou D!

Je préfère...

1. **A** patiner
   B collectionner les timbres
   C faire de la photo
   D regarder la télé

2. **A** faire de l'équitation
   B programmer un jeu d'ordinateur
   C dessiner
   D écouter la radio

3. **A** faire de la natation
   B faire des mots croisés
   C préparer un repas gourmet
   D dîner au restaurant

4. **A** faire du jogging
   B lire un livre
   C composer une chanson
   D parler au téléphone

5. **A** organiser un match sportif
   B organiser un tournoi d'échecs
   C organiser un groupe musical
   D aller au cinéma

6. **A** prendre des leçons de tennis
   B écouter de la musique classique
   C jouer du piano
   D regarder des vidéoclips

7. **A** aller à un match de hockey
   B aller à la bibliothèque
   C visiter une galerie d'art
   D rester à la maison

8. **A** faire du camping
   B travailler dans un laboratoire
   C chanter
   D jouer au solitaire

9. **A** faire de la gymnastique
   B écrire une composition
   C faire de la sculpture
   D manger

10. **A** faire du ski
    B regarder les nouvelles à la télé
    C prendre des leçons de danse
    D dormir

Les résultats:

Une majorité de réponses «A»: Tu espères être athlète professionnel(le)?

Une majorité de réponses «B»: Tu vas être journaliste? scientifique? professeur?

Une majorité de réponses «C»: Tu vas être un(e) grand(e) artiste!
Ton autographe, s'il te plaît!

Une majorité de réponses «D»: Une chose est certaine — toi, tu ne vas pas être
dompteur de lions!

petit vocabulaire

dessiner	*to draw, to sketch*
un dompteur de lions	*lion tamer*
dormir	*to sleep*
écrire	*to write*
lire	*to read*
un tournoi d'échecs	*chess tournament*
un(e) scientifique	*scientist*

B mots croisés: les passe-temps

Copyright © 1985 Addison-Wesley Publishers Limited

Nom: _____

horizontalement

1. J'aime … en hiver.

6. Ils habitent dans la … Mercier.

7. …, c'est le comble!

8. Monsieur Lebrun et monsieur Dupont sont des …

10. Quelle est la … entre Montréal et Québec?

11. Vas-tu … ton dessert?

12. Pas …, hein?

14. Il fait chaud en …

16. Est-ce que vous aimez … les vidéoclips?

19. Tu … vraiment sympa!

21. Je suis trop occupé. Je n'ai jamais … de temps libre!

23. …, deux, trois, quatre, cinq.

24. Notre équipe gagne tout le …!

26. Son père et … mère parlent français.

28. Ils y vont … avion.

29. …, c'est la couleur du ketchup.

30. Le singulier de **les**, c'est …

32. Il aime faire la … . Sa pizza est délicieuse!

35. Deux … deux font quatre.

36. Le pluriel de **la**, c'est …

39. J'ai soif! De l'…, s'il vous plaît!

40. Le contraire de **sous**, c'est …

41. Cette réponse n'est pas correcte! Tu as …!

42. J'… toujours besoin d'argent!

43. … sports aimes-tu?

45. Le féminin de **il**, c'est …

47. …-il le métro ou l'autobus?

48. Tu ne … jamais à mes questions!

verticalement

1. J'adore … les jeux sur mon ordinateur.

2. Est-ce que tu aimes aller … centre d'achats?

3. Le pluriel de **ton**, c'est …

4. Je n'aime pas … les disques de mes parents.

5. …-tu souvent au cinéma?

7. Le singulier de **ces**, c'est …

9. Le singulier de **mes**, c'est …

10. Moi, j'adore …, mais il y a peu de danses à mon école.

12. Le jour après lundi, c'est …

13. Que fais-tu pendant ton temps …?

15. L'exercice est à la … 56.

17. Cette année, ils … aller à Paris.

18. J'aime manger, mais je déteste faire la …!

20. Le contraire de **sur**, c'est …

22. Est-ce que tu … patiner ou faire du ski?

25. Fais-tu … de l'équipe de hockey?

27. Il y a 365 jours dans un …

31. …-vous d'ici?

32. Il aime … les timbres français.

33. … détestent faire du camping.

34. Je … patine pas.

37. Prends-tu des leçons de …?

38. Tu ne … pas ton dîner! Tu n'as pas faim?

42. Je n'aime pas … à l'école.

44. La secrétaire va … les lettres.

46. J'espère gagner le … 649.

Nom: _____

C la famille des mots

1. Ce danseur aime _danser._

2. Ce chanteur aime _____

3. Ce travailleur aime _____

4. Ce dîneur aime _____

5. Ce patineur aime _____

6. Ce collectionneur aime _____

7. Ce joueur aime _____

8. Ce visiteur aime _____

9. Ce programmeur aime _____

10. Ce lanceur aime _____

D en français, s'il te plaît!

You have just met a new friend at a party.
How would you...

1. *ask what your friend likes to do in his/her spare time?*

2. *ask what your friend's favourite pastime is?*

3. *ask what your friend doesn't like to do?*

4. *ask what your friend hopes to do during the summer holidays?*

5. *say what your favourite pastime is?*

Patati et patata

Les passe-temps, nuit et jour (É - cou-tez ma ren-gai-ne!) J'ai be-

soin de huit jours, huit jours dans la se-mai-ne!

LUNDI: je fais de la gymnastique. MARDI: j'aime faire de la photo. MERCREDI: je prends un cours de musique. JEU-

DI: j'é-coute ma radio. VENDREDI: j'aime danser toute la nuit. SAMEDI: j'adore faire du ski. DI-

MANCHE: on me dit, «Ça suf-fit! C'est fi - ni, reste i - ci!» Pa-ta-ti et pa-ta-ta Et ce-te-

ra, et ce-te-ra...

2. Les passe-temps, nuit et jour
(Écoutez ma rengaine!)
J'ai besoin de huit jours,
Huit jours dans la semaine!

LUNDI: je joue avec l'équipe.
MARDI: je garde ma petite soeur.
MERCREDI: je regarde les vidéoclips.
JEUDI: mon cours d'ordinateur.
VENDREDI: j'aime danser toute la nuit.
SAMEDI: j'adore faire du ski.
DIMANCHE: on me dit, «Ça suffit!
       C'est fini, reste ici!» Patati et patata
       Et cetera, et cetera...

unité 5

j'écoute!

A bienvenue à Saint-Donat! ••

	1	2	3	4	5	6	7	8	9	10
vrai	✓	☐	☐	✓	✓	☐	✓	✓	☐	✓
faux	☐	✓	✓	☐	☐	✓	☐	☐	✓	☐

B *singulier* ou *pluriel*? ••

	1	2	3	4	5	6	7	8	9	10
singulier	✓	☐	✓	☐	✓	✓	✓	☐	☐	✓
pluriel	☐	✓	☐	✓	☐	☐	☐	✓	✓	☐

C vive le week-end! ••

1. rentrer/<u>rester</u>
2. <u>prendre</u>/répondre
3. <u>aller</u>/acheter
4. patiner/<u>passer</u>
5. écouter/<u>étudier</u>
6. <u>ranger</u>/manger
7. <u>finir</u>/choisir
8. <u>faire</u>/préférer
9. <u>dîner</u>/patiner
10. vendre/<u>descendre</u>

D *aujourd'hui* ou *demain*? ••

	1	2	3	4	5	6	7	8	9	10
aujourd'hui	☐	✓	☐	☐	✓	✓	☐	☐	✓	✓
demain	✓	☐	✓	✓	☐	☐	✓	✓	☐	☐

E projets de week-end ••

3	aller au stade
5	rester chez moi ce soir
7	aller à la bibliothèque
1	passer le week-end à Saint-Donat
6	aller à Paris cet été
2	aller à la piscine
8	dîner au restaurant
4	descendre en ville

Nom: _____

D attention!

mot-ami			faux-ami		
français	**anglais**		**français**	**anglais**	
continuer ———→ to continue			rester ———→ to stay		

	mot-ami	faux-ami
1. programmer	✓	
2. attendre		✓
3. préférer		
4. organiser		
5. tirer		
6. descendre		
7. demander		
8. aimer		

E en français, s'il te plaît!

Your friend is going to Montreal. How would you ask...

1. *when your friend is going to go to Montreal?*

2. *how your friend is going to go to Montreal?*

3. *how many days your friend is going to spend in Montreal?*

4. *what your friend is going to do in Montreal?*

5. *when your friend is going to come back home?*

Aux premiers jours d'été

Toi, que vas-tu faire à la fin de l'hiver? Toi, que vas-tu faire aux premiers jours d'été?

Je vais jou-er au soc-cer à la fin de l'hiver, Je vais

nager dans la mer aux premiers jours d'été. Je vais marcher en plein air quand il fait beau et clair

Je vais vi-si-ter mon frère aux premiers jours d'été!

2. REFRAIN
Je vais aller à la mer à la fin de l'hiver,
Je vais voir l'Angleterre aux premiers jours d'été.
Je vais voir les Laurentides, je vais aller en Floride,
Je vais voir les pyramides aux premiers jours d'été!

3. REFRAIN
Je vais cultiver la terre à la fin de l'hiver,
Je vais aider mon grand-père aux premiers jours d'été.
Je vais marcher à nus pieds, je vais jouer sans souliers,
Je vais être tout bronzé aux premiers jours d'été!

unité 6

j'écoute!

A   bravo, Nadine! ••

	1	2	3	4	5	6	7	8	9	10
vrai	☐	☐	☑	☑	☐	☐	☑	☐	☑	☑
faux	☑	☑	☐	☐	☑	☑	☐	☑	☐	☐

B   *présent* ou *passé?* ••

	1	2	3	4	5	6	7	8	9	10
présent	☐	☑	☐	☐	☑	☑	☐	☐	☑	☑
passé	☑	☐	☑	☑	☐	☐	☑	☑	☐	☐

C   fais ton choix! ••

1. raconté/<u>rencontré</u>
2. <u>trouvé</u>/tourné
3. mangé/<u>marqué</u>
4. <u>passé</u>/pressé
5. <u>regardé</u>/rangé

6. <u>écouté</u>/étudié
7. <u>patiné</u>/parlé
8. gagné/<u>gardé</u>
9. <u>préféré</u>/espéré
10. aimé/<u>fait</u>

D   raconte ton week-end! ••

1. Maxine n'a pas passé le week-end chez elle.   Ⓥ   F
2. Samedi, Maxine a visité la tour Eiffel.   V   Ⓕ
3. Vendredi, Étienne a passé la nuit chez lui.   V   Ⓕ
4. Étienne adore le ski.   Ⓥ   F
5. Sylvie a passé un week-end formidable!   V   Ⓕ
6. Samedi, Sylvie a gardé sa petite soeur.   V   Ⓕ
7. Vendredi soir, Joseph a joué au basket-ball.   Ⓥ   F
8. Samedi, Joseph a fait de la raquette avec des copains. V   Ⓕ

E les annonces à l'école Laval ●●

- Le directeur _a_ _trouvé_ une _paire_ de _lunettes_ rouges sur le _plancher_ près de son bureau.
- Lundi passé, Mlle Clouthier _a_ _programmé_ un jeu sur notre nouvel _ordinateur_. Mardi, René Dupont _a_ _marqué_ un score parfait de 1000 points! Sensass, René!
- La semaine _passée_, les élèves de M. Lafleur _ont_ _passé_ quatre jours à Saint-Donat. Ils _ont_ _fait_ du ski, de la raquette et du toboggan.
- _Hier_, après les classes, les filles de l'équipe de basket-ball _ont_ _joué_ contre l'école Richelieu. Elles _ont_ _gagné_ par un score de 52 à 30. Bravo, les filles!
- Trois élèves de notre école _ont_ _organisé_ un groupe rock. Il s'appelle *ÉlektroFlash*. Vendredi soir, au gymnase, le groupe va jouer pour la première _fois_. Bonne chance!
- Et finalement, M. et Mme Vanier _cherchent_ quelqu'un pour garder leur fils Lucien samedi _soir_. Leur numéro de téléphone est disponible au bureau de la sous-directrice.

  À demain, tout le monde!

je prononce bien!

A les voyelles ●●

1. **Marie**: raconter, garder, raquette, <u>aussi</u>
2. **demain**: leçon, <u>répond</u>, petit, regarder
3. **paire**: aider, <u>été</u>, frère, ~~belle~~
4. **passé**: année, vedette, danser, jouez
5. **livre**: village, <u>parfait</u>, pianiste, libre
6. **beau**: chaud, kilo, bientôt, <u>froid</u>
7. **homme**: colline, octobre, <u>groupe</u>, Carole
8. **tour**: <u>occupé</u>, toujours, souvent, pour
9. **bureau**: salut, bienvenue, <u>guitare</u>, sur
10. **peu**: deux, monsieur, jeu, <u>leur</u>

Nom: _____

C les rendez-vous d'Alice

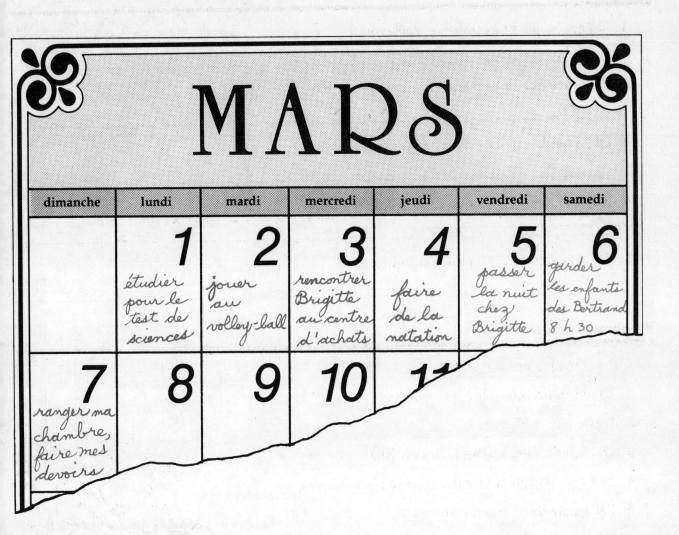

Qu'est-ce qu'Alice a fait la semaine passée?

Lundi, elle _a étudié pour le test de sciences._

Mardi, elle _____

Mercredi, elle _____

Jeudi, elle _____

Vendredi, elle _____

Samedi, elle _____

Dimanche, elle _____

et elle _____!

Nom: _____

B   mots croisés: les participes passés

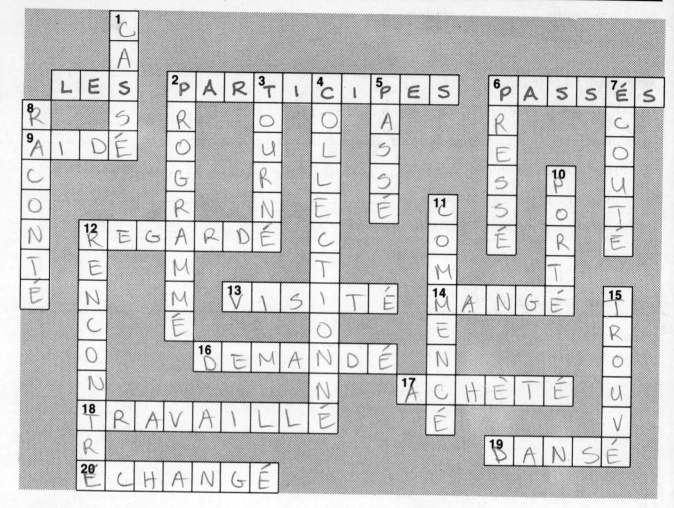

verticalement

1. Ah, non! Quelqu'un a ... mon stéréo!
2. Vous avez ... un nouveau jeu?
3. Elle a ... à gauche dans cette rue.
4. Annette a ... tous ces timbres.
5. Où est-ce qu'ils ont ... le week-end?
6. Zut! Je n'ai pas ... sur <RETURN>!
7. Est-ce que tu as ... son nouveau disque?
8. Vous avez ... l'histoire à Claire?
10. Est-ce qu'il a ... ses nouveaux jeans à la party?
11. Le concert a ... vers huit heures.
12. J'ai ... sa nouvelle copine.
15. Elle a ... une solution parfaite.

horizontalement

9. J'ai ... mes copains avec leurs maths.
12. Nous n'avons pas ... ce vidéoclip.
13. Ils ont ... la tour CN.
14. Qui a ... toute la pizza?
16. Ils n'ont pas ... ma permission.
17. J'ai ... ce cadeau hier.
18. Nous avons ... beaucoup cette semaine.
19. Est-ce qu'il a ... avec Lise à la party?
20. Nous avons ... des lettres cette année.

68

Nom: _____

E les personnes

masculin	féminin
un cascadeur ——→	une cascadeuse

Quel est le mot féminin?

1. M. Astaire est danseur. Mlle Rogers est *danseuse*. _____

2. Son père est coiffeur. Sa mère est _____

3. Paul est programmeur. Hélène est _____

4. Mon frère est patineur. Ma soeur est _____

5. M. Duclos est vendeur. Mme Arnaud est _____

F en français, s'il te plaît!

Your friend is asking you about your weekend.
How would you...

1. *say that you spent a great weekend?*

2. *say that you spent the weekend in Quebec City?*

3. *say that you skied?*

4. *say that you had dinner at a beautiful restaurant last night?*

5. *ask what your friend did last weekend?*

Tiens, Josette!

Refrain

Tiens! Jo - set - te! J'ai fait les em - plet - tes! Tiens! Jo - set - te! Tout est préparé!

Tiens! Jo - set - te! C'est bientôt la fê - te! Tiens! Jo - set - te! Tout est préparé! (Fin)

Mais as - tu ache - té du lait? Oui, oui, j'ai ache - té du lait!

Et du pain?   Zut! Je n'ai pas ache - té de pain!

2. Et du beurre? (bis)
3. Et des chips? (bis)
4. Et du sel? (bis)
5. Et du jus? (bis)
6. Et des frites? (bis)

E le tournoi de *Génie* ●●

Lise Fortier: _____600_____ points: _____neuvième_____

Georges Vachon: _____750_____ points: _____huitième_____

Marc Lapointe: _____825_____ points: _____sixième_____

Anne Leclair: _____900_____ points: _____troisième_____

René Dupont: _____1000_____ points: _____premier_____

Marianne Dubois: _____875_____ points: _____quatrième_____

Marc Rondeau: _____775_____ points: _____septième_____

Sylvie Larue: _____850_____ points: _____cinquième_____

Colette Dupont: _____975_____ points: _____deuxième_____

Léon Dupuis: _____500_____ points: _____dixième_____

F pas mal, Jean-Marc! ●●

Lundi matin, j'_ai mangé_ des céréales et un _____beignet_____ pour
le petit déjeuner, j'_ai fait_ la vaisselle, puis j'_ai quitté_ la
_____maison_____ vers huit heures vingt.

J'_ai rencontré_ mon copain Charles et nous _____avons_____
pris l'autobus pour l'école. Comme toujours, j'_ai fini_ mes
_____devoirs_____ dans l'autobus.

Les classes _ont commencé_ à neuf heures. Dans la classe de
français, nous _____avons_____ _____appris_____ le passé composé des verbes.
J'_ai répondu_ correctement à toutes les _____questions_____
du prof. Imagine! J'_ai compris_ le _____système_____ tout
de suite! Pas mal, hein?

je prononce bien!

A   les rimes ••

	1	2	3	4	5	6	7	8	9	10
Ça rime!	✓	☐	☐	✓	✓	✓	✓	☐	☐	☐
Ça ne rime pas!	☐	✓	✓	☐	☐	☐	☐	✓	✓	✓

B   les homonymes ••

1. **danse**: danser, dansé, <u>dansent</u>

2. **en**: <u>an</u>, Anne, année

3. **paire**: peur, perdre, <u>père</u>

4. **sont**: Simon, <u>son</u>, selon

5. **faites**: fait, faire, <u>fête</u>

6. **vers**: <u>vert</u>, vrai, verte

7. **rester**: reste, <u>resté</u>, restent

8. **partie**: <u>party</u>, petit, parlez

9. **vend**: vendre, <u>vent</u>, vendu

10. **tout**: toute, <u>tous</u>, tour

C   c'est facile! ••

1. Mardi, madame Martin va à Madrid avec Marie.

2. Quand il fait très frais, la mère de Claire préfère rester à la maison.

3. Après le dîner, André a regardé la télé chez René.

4. Qui a choisi six petits bikinis gris?

5. Les copines de Monique sont d'accord; à l'école elles adorent les sports!

6. Ce stylo jaune est très beau! À propos, as-tu un autre dans l'auto?

7. Hourra! Louise Mondoux a trouvé douze blouses rouges.

8. Selon monsieur Cadieux, il y a peu de chanteuses aux cheveux bleus!

9. Tu as entendu? Lulu a perdu ses lunettes brunes!

10. Les acteurs ont peur quand leurs cascadeurs ne sont pas à l'heure!

C **le journal de Jeannette**

Complète le journal de Jeannette!

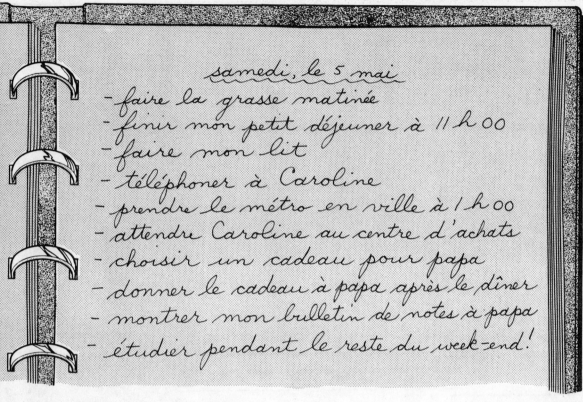

samedi, le 5 mai
- *faire la grasse matinée*
- *finir mon petit déjeuner à 11 h 00*
- *faire mon lit*
- *téléphoner à Caroline*
- *prendre le métro en ville à 1 h 00*
- *attendre Caroline au centre d'achats*
- *choisir un cadeau pour papa*
- *donner le cadeau à papa après le dîner*
- *montrer mon bulletin de notes à papa*
- *étudier pendant le reste du week-end!*

petit vocabulaire

un bulletin de notes	*report card*
un lit	*bed*

*Samedi, j'ai fait la grasse matinée.
À onze heures, j'ai* _____

_____

_____

_____

_____

_____

_____

_____

_____

Nom: _____

D mot mystère: tu as compris?

Le participe passé du verbe logique, s'il te plaît!

1. J'ai ... le nouveau disque de Paul.

2. Qu'est-ce qu'elle a ... comme dessert?

3. Ils n'ont pas ... le nouveau film de Pierre Laroche.

4. Enfin! Nous avons ... le système!

5. Est-ce que vous avez ... ma question?

6. Il a ... un bruit dans la cuisine.

7. Le concert a ... vers minuit.

8. J'ai ... mes amis devant le cinéma.

9. Est-ce que tu as ... l'autobus ou le métro?

10. Zut! Notre équipe a ... encore une fois!

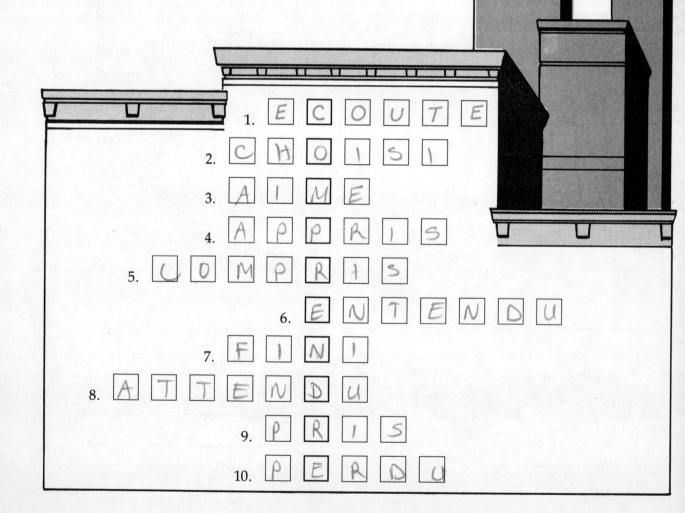

1. ECOUTE
2. CHOISI
3. AIME
4. APPRIS
5. COMPRIS
6. ENTENDU
7. FINI
8. ATTENDU
9. PRIS
10. PERDU

Nom: _____

en français, s'il te plaît!

You are telling a friend about the terrible morning you had.
How would you say that...

1. *you finished your breakfast at 8:00?*

2. *you did the dishes very quickly?*

3. *you left the house at 8:15?*

4. *you waited thirty minutes for the bus?*

5. *you lost your French book on the bus?*

6. *the teacher didn't understand?*

89

Le Rendez-vous

GROUPE:
Pour - quoi at-tends-tu Pour demander un rendez-vous? Pourquoi at-tends-tu Pour appeler An - gé - li - que?

SOLO:
Com - ment vais-je de-man-der Un ren-dez-vous, un rendez-vous? In - vente donc de bonnes raisons Pour appeler An - gé - li — que!

GROUPE:

SOLO:
Qui va répondre au té - lé - phone? Son père? Sa mère? Sa soeur? Oh, je vais perdre mon courage! Je suis nerveux! J'ai peur! Vais - je dire, «Es - tu prête pour le test? C'est la deu - xième pé - riode! Com - prends - tu le système métrique? As - tu ap - pris le code?

As - tu é - tu - dié l'his - toire? As - tu fi - ni tes de - voirs? À pro - pos de tout ce - la:

Es - tu li - bre samedi soir? À pro - pos de tout ce - la: Es - tu li - bre samedi soir?»

GROUPE: Pourquoi attends-tu
Pour demander un rendez-vous?
Pourquoi attends-tu
Pour appeler Jean-Philippe?   } bis

FILLE: Comment vais-je demander
Un rendez-vous, un rendez-vous?

GROUPE: Invente donc de bonnes raisons
Pour appeler Jean-Philippe!

FILLE: Qui va répondre au téléphone?
Son père? Sa mère? Sa soeur?
Oh, je vais perdre mon courage!
Je suis nerveuse! J'ai peur!
Vais-je dire, «Es-tu prêt pour le test?
C'est la deuxième période!
Comprends-tu le système métrique?
As-tu appris le code?
As-tu étudié l'histoire?
As-tu fini tes devoirs?
À propos de tout cela:
Es-tu libre samedi soir?»   } bis

unité 8

j'écoute!

A aventure à Bagdad ••

	1	2	3	4	5	6	7	8	9	10
vrai		✓	✓		✓	✓		✓		✓
faux	✓			✓			✓		✓	

B *singulier* ou *pluriel*? ••

	1	2	3	4	5	6	7	8	9	10
singulier	✓		✓			✓			✓	
pluriel		✓		✓	✓		✓	✓		✓

C *avoir* ou *être*? ••

	1	2	3	4	5	6	7	8	9	10
avoir	✓			✓	✓		✓			✓
être		✓	✓			✓		✓	✓	

D *présent* ou *passé*? ••

	1	2	3	4	5	6	7	8	9	10
présent		✓			✓	✓				✓
passé	✓		✓	✓			✓	✓	✓	

Nom: _____

			allé	allée					allé	allée
1.	F	Robert	✓	☐	5.	E	Véronique	☐	✓
2.	H	Yvonne	☐	✓	6.	A	Martin	✓	☐
3.	D	Denis	✓	☐	7.	G	Jean-Marc	✓	☐
4.	C	Angèle	☐	✓	8.	B	Mlle Caravelle	☐	✓

A

ÉCOLE CARTIER

B

C

D

E

F

G

Chez André

H

BIJOU
UN HOMME CONTRE KING KONG
...PIERRE LAROCHE

F flash! ●●

Montréal, Canada… Quelqu'un _a volé_ *La Flamme Bleue* de M. de Lafortune!

Qui _a pris_ ce célèbre _diamant_? *Le Loup*, bien sûr! Comme toujours,

il _a laissé_ sa carte. Selon la _police_, il _est_

monté sur le toit, puis il _est entré_ dans l'appartement

par une fenêtre. Après, il _est sorti_ par la porte et il _est_

descendu par l' _ascenseur_. Selon Carla Caravelle,

détective à Montréal, *Le Loup* _a travaillé_

avec son frère sans _doute_, et ils _sont retournés_

à Bagdad. Mlle Caravelle _est partie_ pour Bagdad ce matin.

93

Nom: _____

je prononce bien!

A la liaison ••

1. Quand est-ce que vous êtes rentrés hier?

2. Est-ce qu'ils ont rencontré des amis chez elle?

3. Nous avons raconté ces histoires aux enfants.

4. Quand est-ce qu'elle est allée à Paris en avion?

5. Où est-ce que vous avez laissé vos albums?

6. Vous avez compris cet exercice?

B c'est facile! ••

1. Quoi? Toi, tu choisis trois boîtes noires ce soir?

2. Chantal cherche chaque chat et chien chez Charles.

3. Aujourd'hui, je suis dans la cuisine avec huit parapluies.

4. En septembre, maman et Roland rentrent souvent dans une grande auto blanche.

5. Dans le train les vingt copains sympa d'Alain ont bien faim.

6. Selon Simon, les garçons blonds n'ont pas raison!

7. Tiens, Lucien! Il y a combien de musiciens canadiens?

8. Ces avions et inventions sont dans sa collection.

C *minuscule* ou *majuscule*? ••

matin   Marie

1. Anne
2. danse
3. feu
4. Paris
5. Lise
6. Toronto
7. beau
8. Renault

9. est-ce que janine dubé est allée à halifax avec louise?

Est-ce que Janine Dubé est allée à Halifax avec Louise?

10. je vais aller à edmonton dans la corvette des gagnon.

Je vais aller à Edmonton dans la corvette des Gagnon.

94

B   la lettre de Mariette

Mariette va raconter l'histoire de son voyage à Toronto. Mais avant, elle fait des notes.
Complète sa lettre au passé composé!

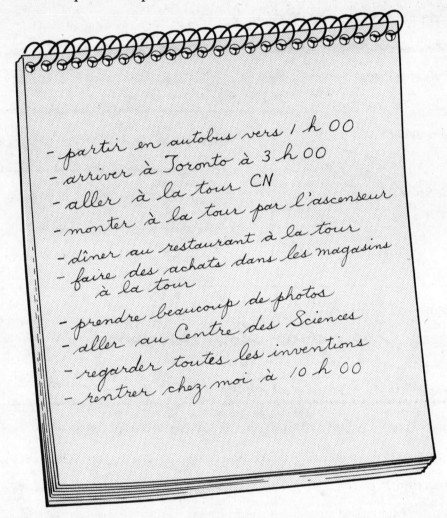

- partir en autobus vers 1 h 00
- arriver à Toronto à 3 h 00
- aller à la tour CN
- monter à la tour par l'ascenseur
- dîner au restaurant à la tour
- faire des achats dans les magasins
  à la tour
- prendre beaucoup de photos
- aller au Centre des Sciences
- regarder toutes les inventions
- rentrer chez moi à 10 h 00

Chère Pauline,

Hier, j'ai fait un voyage à Toronto.
Je suis partie en autobus vers une heure,
et je _____

_____

_____

_____

_____

_____

_____

_____

C les préparatifs de Richard

Samedi, c'est l'anniversaire de Claudette. Alors, Richard fait des préparatifs pour une party. Qu'est-ce qu'il a fait? Qu'est-ce qu'il va faire?

envoyer les invitations ✓

▶ *Il a envoyé les invitations.*

descendre en ville ✓

_____

aller au centre d'achats ✓

_____

choisir un cadeau ✓

_____

acheter un gâteau et des bougies ✓

_____

ranger la maison

▶ *Il va ranger la maison.*

décorer la salle de récréation

_____

commander les pizzas

_____

faire des sandwichs

_____

choisir la musique

_____

petit vocabulaire
une bougie   *candle*
envoyer   *to send*

Nom: _____

les mots de la même famille

nom	verbe
un patin ⟶	patiner

Quel est le verbe?

1. une arrivée   *arriver*

2. un retour   _____

3. une sortie   _____

4. une descente   _____

5. une vente   _____

6. une entrée   _____

7. une préférence   _____

8. une pensée   _____

9. un voleur   _____

10. un départ   _____

en français, s'il te plaît!

Your friend has just returned from a trip to Montreal.
How would you ask her...

1. *why she went to Montreal?*

2. *with whom she went to Montreal?*

3. *when she left for Montreal?*

4. *how she went to Montreal?*

5. *when she arrived?*

6. *where she stayed?*

7. *what she did?*

8. *when she got back home?*

Ah, Montréal!

À six heures du ma-tin nous sommes sor-tis, Nous sommes mon-

tés dans l'au-to-bus, nous sommes par-tis. Nous sommes des-cen-dus par la rue prin-ci-

pale, Nous a-vons pris l'au-to-route vers Mont-ré-al!

Refrain

Ah, Mont-ré-al au mois de mai! Ah! Les pro-menades et les mu-

sées! Les parcs, les soi-rées mu-si-cales! Ah, Mont-ré-al! Mont-ré-

al, Mont-ré-al au mois de mai!

2. C'est midi déjà et nous sommes arrivés,
   Et nous sommes descendus devant l'hôtel Laurier.
   Quand la nuit est tombée vers huit heures et quart,
   Nous sommes sortis pour voir la vie des grands boulevards!
   REFRAIN

3. Finalement, nous sommes retournés à l'école,
   Et tout le monde a les yeux fermés, sauf Nicole.
   Elle dit, «Pour moi, ce voyage est bien spécial —
   J'ai laissé un très cher copain à Montréal!»
   REFRAIN (bis)